视频书
vBook

政府工作报告

（2022）

视频图文版

人民出版社

目　录

CONTENTS

政府工作报告

——2022年3月5日在第十三届全国人民
代表大会第五次会议上

国务院总理　李　克　强

各位代表：

现在，我代表国务院，向大会报告政府工作，请予审议，并请全国政协委员提出意见。

一、2021年工作回顾

习近平等党和国家领导人出席开幕式

李克强离席作政府工作报告

过去一年是党和国家历史上具有里程碑意义的一年。以习近平同志为核心的党中央团结带领全党全国各族人民，隆重庆祝中国共产党成立一百周年，胜利召开党的十九届六中全会、制定党

[延伸阅读]

三个历史决议

党的第一个历史决议：1945 年 4 月党的六届七中全会通过的《关于若干历史问题的决议》。

党的第二个历史决议：1981 年 6 月党的十一届六中全会通过的《关于建国以来党的若干历史问题的决议》。

党的第三个历史决议：2021 年11 月党的十九届六中全会通过的《中共中央关于党的百年奋斗重大成就和历史经验的决议》。

中国共产党成立 100 周年庆祝大会隆重举行

的第三个历史决议，如期打赢脱贫攻坚战，如期全面建成小康社会、实现第一个百年奋斗目标，开启全面建设社会主义现代化国家、向第二个百年奋斗目标进军新征程。一年来，面对复杂严峻的国内外形势和诸多风险挑战，全国上下共同努力，统筹疫情防控和经济社会发展，全年主要目标任务较好完成，“十四五”实现良好开局，我国发展又取得新的重大成就。

——经济保持恢复发展。国内生产总值达到 114 万亿元，增长 8.1%。全国财政收入突破 20 万亿元，增长 10.7%。城镇新增就业 1269 万人，城镇调查失业率平均为 5.1%。居民消费价格上涨 0.9%。国际收支基本平衡。

——创新能力进一步增强。国家战略科技力量加快壮大。关键核心技术攻关取得重要进展，载人航天、火星探测、资源勘探、能源工程等领域实现新突破。企业研发经费增长 15.5%。数字技术与实体经济加速融合。

神舟十三号载人飞船成功发射

——经济结构和区域布局继续优化。粮食产量 1.37 万亿斤，创历史新高。高技术制造业增加值增长 18.2%，

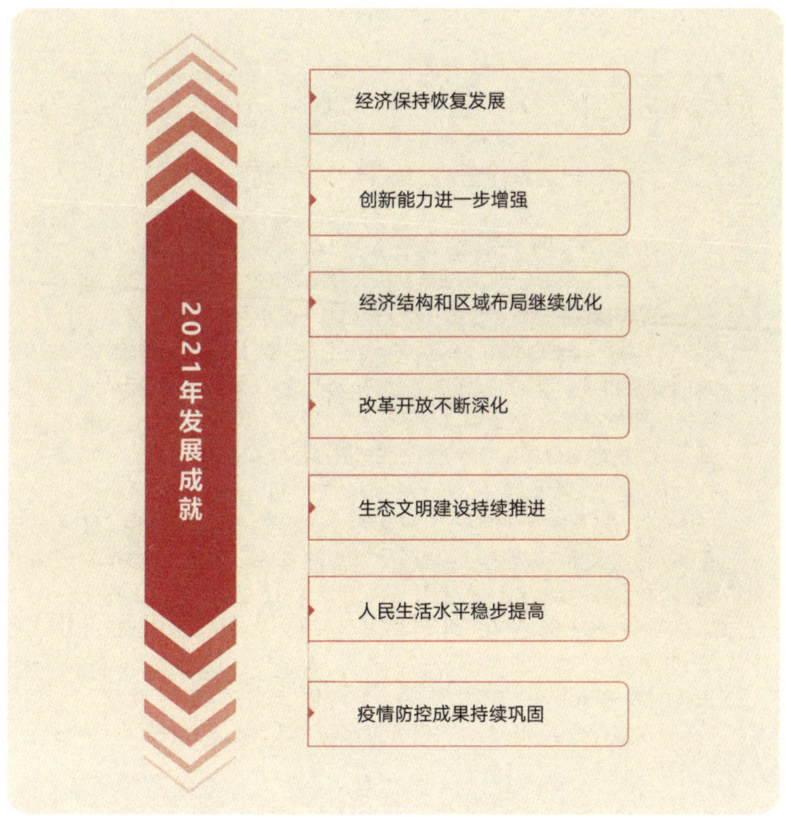

信息技术服务等生产性服务业较快发展，产业链韧性得到提升。区域发展战略有效实施，新型城镇化扎实推进。

——改革开放不断深化。在重要领域和关键环节推出一批重大改革举措，供给侧结构性改革深入推进。“放管服”改革取得新进展。市场主体总量超过1.5亿户。高质量共建“一带一路”稳步推进。推动区域全面经济伙伴关系协定生效实施。货物进出口总额增长21.4%，实际使用

［名词解释］

区域全面经济伙伴关系协定

2020年11月15日，区域全面经济伙伴关系协定（Regional Comprehensive Economic Partnership，简称“RCEP”）在2020年东盟轮值主席国越南的组织下正式签署，标志着当前世界上人口最多、经贸规模最大、最具发展潜力的自由贸易区正式启航。RCEP由东盟10国（印度尼西亚、马来西亚、菲律宾、泰国、新加坡、文莱、柬埔寨、老挝、缅甸、越南）发起，邀请中国、日本、韩国、澳大利亚、新西兰、印度6个对话伙伴国参加，旨在通过削减关税及非关税壁垒，建立一个统一市场。协定涵盖20个章节，既包括货物贸易、服务贸易、投资等市场准入，也包括贸易便利化、知识产权、电子商务、竞争政策、政府采购等大量规则内容。在现代化上，RCEP采用区域原产地累积规则，支持区域产业链供应链发展；采用新技术推动海关便利化，促进新型跨境物流发展；采用负面清单作出投资准入承诺，大大提升投资政策的透明度；适应数字经济时代的需要。2022年1月1日，RCEP正式生效。首批生效的国家包括文莱、柬埔寨、老挝、新加坡、泰国、越南等东盟6国和中国、日本、新西兰、澳大利亚等非东盟4国。

外资保持增长。

——生态文明建设持续推进。污染防治攻坚战深入开展，主要污染物排放量继续下降，地级及以上城市细颗粒物（$PM_{2.5}$）平均浓度下降 9.1%。第一批国家公园正式设立。生态环境质量明显改善。

[名词解释]

国家公园

国家公园是指由国家批准设立并主导管理，边界清晰，以保护具有国家代表性的大面积自然生态系统为主要目的，实现自然资源科学保护和合理利用的特定陆地或海洋区域。世界自然保护联盟将其定义为大面积自然或近自然区域，用以保护大尺度生态过程以及这一区域的物种和生态系统特征，同时提供与其环境和文化相容的精神的、科学的、教育的、休闲的和游憩的机会。

国家主席习近平 2021 年 10 月 12 日下午以视频方式出席《生物多样性公约》第十五次缔约方大会领导人峰会并发表主旨讲话，宣布中国正式设立三江源、大熊猫、东北虎豹、海南热带雨林、武夷山等第一批国家公园。

——人民生活水平稳步提高。居民人均可支配收入实际增长 8.1%。脱贫攻坚成果得到巩固和拓展。基本养老、基本医疗、社会救助等保障力度加大。教育改革发展迈出新步伐。新开工改造城镇老旧小区 5.6 万个，惠及近千万家庭。

——疫情防控成果持续巩固。落实常态化防控举措，疫苗全程接种覆盖率超过 85%，及时有效处置局部地区聚集性疫情，保障了人民生命安全和身体健康，维护了正常生产生活秩序。

回顾过去一年，成绩得来殊为不易。我国经济尚处在突发疫情等严重冲击后的恢复发展过程中，国内外形势又出现很多新变化，保持经济平稳运行难度加大。我们深入贯彻以习近平同志为核心的党中央决策部署，贯彻落实中央经济工作会议精神，完整、准确、全面贯彻新发展理念，扎实做好“六稳”、“六保”工作，注重宏观政策跨周期和逆周期调节，有效应对各种风险挑战，主要做了以下工作。

一是保持宏观政策连续性针对性，推动经济运行保持在合理区间。宏观政策适应跨周期调节需要，保持对经济恢复必要支持力度，同时考虑为今年应对困难挑战预留政策空间。建立常态化财政资金直达机制，将2.8万亿元中央财政资金纳入直达范围。优化地方政府专项债券发行使用。有效实施稳健的货币政策，两次全面降准，推动降低贷款利率。有序推进地方政府债务风险防范化解，稳妥处置重大金融风险事件。强化稳岗扩就业政策落实，扎实做好高校毕业生等重点群体就业工作，推进大众创业万众创新。加强大宗商品保供稳价，着力解决煤炭电力供应紧张问题。从全年看，主要宏观经济指标符合预期，财政赤字率和宏观杠杆率下降，经济增速继续位居世界前列。

［延伸阅读］

两次全面降准

2021 年 7 月 9 日，中国人民银行宣布决定于 2021 年 7 月 15 日下调金融机构存款准备金率 0.5 个百分点（不含已执行 5% 存款准备金率的金融机构）；此次下调后，金融机构加权平均存款准备金率为 8.9%，释放长期资金约 1 万亿元。2021 年 12 月 6 日，中国人民银行宣布决定于 2021 年 12 月 15 日下调金融机构存款准备金率 0.5 个百分点（不含已执行 5% 存款准备金率的金融机构）；此次下调后，金融机构加权平均存款准备金率为 8.4%，释放长期资金约 1.2 万亿元。

全面降准的目的是加强跨周期调节，优化金融机构的资金结构，提升金融服务能力，更好支持实体经济。一是在保持流动性合理充裕的同时，有效增加金融机构支持实体经济的长期稳定资金来源，增强金融机构资金配置能力。二是引导金融机构积极运用降准资金加大对实体经济特别是中小微企业的支持力度。三是降低金融机构资金成本，通过金融机构传导可促进降低社会综合融资成本。

二是优化和落实助企纾困政策，巩固经济恢复基础。上亿市场主体承载着数亿人就业创业，宏观政策延续疫情发生以来行之有效的支持路径和做法。去年新增减税降费超过 1 万亿元，还对制造业中小微企业、煤电和供热企业实施阶段性缓缴税费。实践表明，减税降费是助企纾困直接有效的办法，实际上也是“放水养鱼”、涵养税源，2013 年以来新增的涉税市场主体去年纳税达到 4.76 万亿元。加强铁路、公路、航空、海运、港口等运输保障。加大对受疫情影响严重行业企业信贷投放，继续执行小微企

2021年《政府工作报告》量化指标任务完成了！

任务	完成
国内生产总值 增长6%以上	2021年，国内生产总值 1143670亿元 增长8.1%
城镇新增就业 1100万人以上	1269万人 比上年增加83万人 完成全年目标任务的115%
城镇调查失业率 5.5%左右	平均值为5.1% 比上年平均值下降0.5个百分点 12月份全国城镇调查失业率 也为5.1% 低于疫情前同期水平 比上年同期下降0.1个百分点
居民消费价格 涨幅3%左右	同比上涨0.9%
单位国内生产总值能耗 降低3%左右	据初步核算，降低2.7%
粮食产量 保持在1.3万亿斤以上	13657亿斤 比上年增加267亿斤，增长2% 连续7年保持在1.3万亿斤以上
赤字率 拟按3.2%左右安排 比上年有所下调	赤字率3.1% 比上年下调0.6个百分点 赤字规模3.57万亿元，比上年 减少1900亿元 ・中央赤字规模2.75万亿元 ・地方赤字规模8200亿元

任务 | **完成**

中央本级支出和对地方一般性转移支付

任务

中央本级支出继续安排负增长
进一步大幅压减非急需非刚性支出

对地方一般性转移支付增长**7.8%**
增幅明显高于上年
- 均衡性转移支付增幅超10%
- 县级基本财力保障机制奖补资金等增幅超10%

完成

中央本级支出35050亿元
较上年下降0.1%
对地方一般性转移支付约7.49万亿元
较上年增长**7.8%**
- 均衡性转移支付增长10.1%
- 县级基本财力保障机制奖补资金增长13.2%

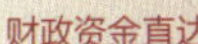

财政资金直达

任务

建立常态化机制并扩大范围
将**2.8万亿**元中央财政资金
纳入直达机制
规模明显大于上年

完成

建立常态化机制并扩大范围
基本实现中央财政民生补助资金全覆盖
中央财政共下达直达资金预算指标**2.8万亿**元
各地安排项目43万多个
累计形成支出2.67万亿元
占中央财政已下达的95%
为地方落实惠企利民政策和做好“六稳”、“六保”工作提供更好财力保障

增值税起征点提高和所得税优惠

任务

将小规模纳税人增值税起征点
从月销售额10万元提高到
15万元
对小微企业和个体工商户年应纳税所得额不到100万元的部分，
在现行优惠政策基础上，
再**减半**征收所得税

完成

将小规模纳税人增值税起征点
从月销售额10万元提高到
15万元
对小微企业和个体工商户年应纳税所得额不超过100万元的部分，在现行优惠政策基础上，
再**减半**征收所得税相关政策
全年新增减税1097.99亿元

大型商业银行普惠小微企业贷款

任务

增长**30%**以上

完成

截至2021年12月底
5家大型商业银行普惠小微企业贷款余额5.52万亿元
较上年底增加1.62万亿元
增幅**41.4%**

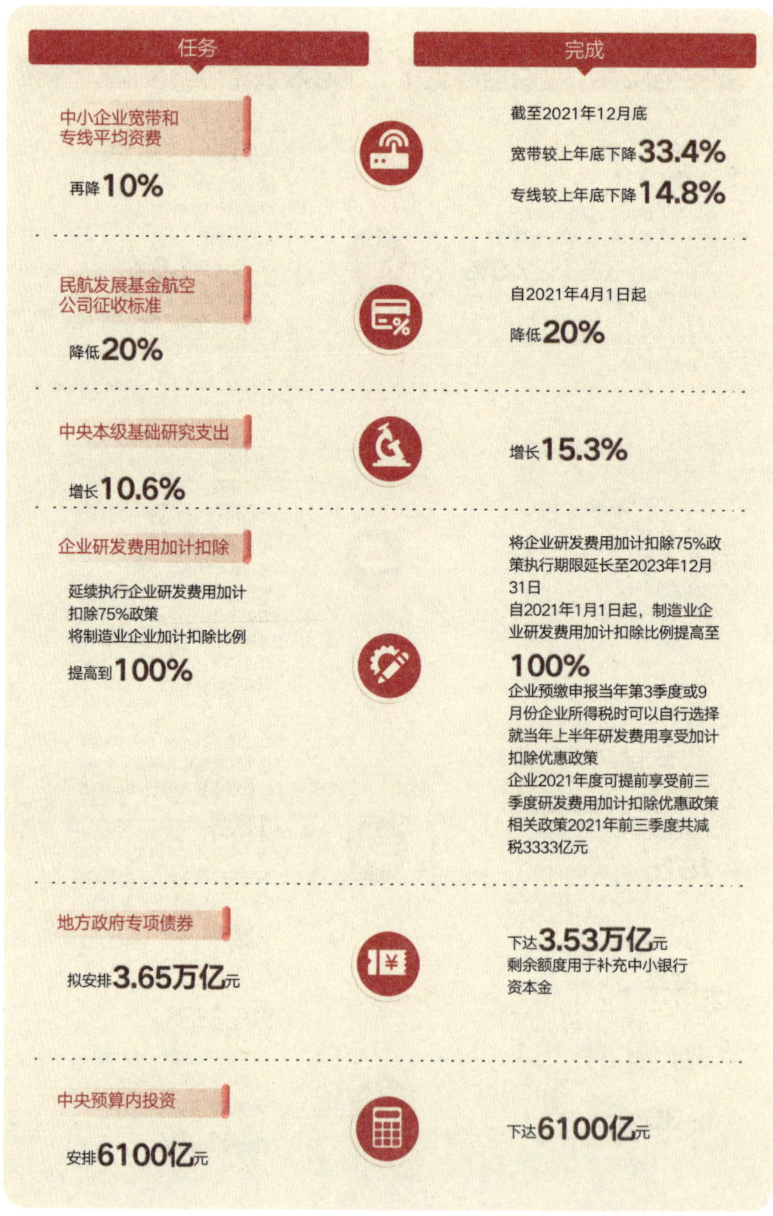
任务
完成
中小企业宽带和专线平均资费
再降10%
截至2021年12月底
宽带较上年底下降33.4%
专线较上年底下降14.8%
民航发展基金航空公司征收标准
降低20%
自2021年4月1日起
降低20%
中央本级基础研究支出
增长10.6%
增长15.3%
企业研发费用加计扣除
延续执行企业研发费用加计扣除75%政策
将制造业企业加计扣除比例
提高到100%
将企业研发费用加计扣除75%政策执行期限延长至2023年12月31日
自2021年1月1日起，制造业企业研发费用加计扣除比例提高至
100%
企业预缴申报当年第3季度或9月份企业所得税时可以自行选择就当年上半年研发费用享受加计扣除优惠政策
企业2021年度可提前享受前三季度研发费用加计扣除优惠政策
相关政策2021年前三季度共减税3333亿元
地方政府专项债券
拟安排3.65万亿元
下达3.53万亿元
剩余额度用于补充中小银行资本金
中央预算内投资
安排6100亿元
下达6100亿元

任务	完成
新开工改造城镇老旧小区 **5.3万**个	**5.56万**个 完成全年目标任务的105%
北方地区清洁取暖率 达到**70%**	截至2021年12月底 北方地区清洁取暖面积约156亿平方米 清洁取暖率**73.6%**
居民医保和基本公共卫生服务经费人均财政补助标准 居民医保和基本公共卫生服务经费人均财政补助标准分别再增加 **30**元和**5**元	居民医保人均财政补助标准 新增**30**元 达到每人每年580元 基本公共卫生服务经费人均财政补助标准新增**5**元 达到每人每年79元 新增部分统筹用于基本公共卫生服务和基层医疗卫生机构疫情防控工作 各地区均已落实两项提标要求
医疗费用跨省直接结算 到2022年年底前 每个县至少要确定**1**家定点医疗机构提供包括门诊费用在内的医疗费用跨省直接结算	已完成年度任务 截至2021年12月底 2804个县实现有1家以上普通门诊费用跨省联网定点医疗机构 各地区均实现60%以上的县至少有**1**家普通门诊费用跨省联网定点医疗机构
高职院校扩招 2020年和2021年扩招 **200万**人 （2020年《政府工作报告》量化指标任务）	2021年扩招139.41万人 2020年扩招157.44万人 两年共计扩招 **296.85万**人

资料来源：中国政府网。

业贷款延期还本付息和信用贷款支持政策，银行业金融机构普惠小微企业贷款增长27.3%，大型商业银行普惠小微企业贷款增幅超过40%，企业综合融资成本稳中有降。

三是深化改革扩大开放，持续改善营商环境。加强市场体系基础制度建设，推进要素市场化配置等改革。继续压减涉企审批手续和办理时限，更多政务服务事项实现一网通办。推广一批地方改革经验，开展营商环境创新试点。加强和创新监管，反垄断和防止资本无序扩张，维护公平竞争。深入实施国企改革三年行动。支持民营企业健康发展。基本完成行业协会商会与行政机关脱钩改革。设立北京证券交易所和广州期货交易所。稳步推进农业农村、社会事业、生态文明等领域改革。深化共建“一带一

[延伸阅读]

北京证券交易所和广州期货交易所

北京证券交易所于2021年9月3日注册成立，是经国务院批准设立的我国第一家公司制证券交易所，受中国证监会监督管理。经营范围为依法为证券集中交易提供场所和设施、组织和监督证券交易以及证券市场管理服务等业务。

广州期货交易所于2021年1月22日由中国证监会批准设立，4月19日揭牌。广州期货交易所是一家创新型期货交易所，为粤港澳大湾区内企业、“一带一路”沿线企业提供更多风险管理工具，强化金融服务实体经济的能力，助力粤港澳大湾区构建资本市场高地，加速推进国际金融枢纽建设，提高全球金融影响力。

路”务实合作。加大稳外贸稳外资力度，成功举办进博会、广交会、服贸会及首届消博会等重大展会。新增 4 个服务业扩大开放综合试点，推出海南自由贸易港开放新举措。

首届中国国际消费品博览会开幕

[延伸阅读]

海南自由贸易港

海南自由贸易港是按照中央部署，在海南全岛建设自由贸易试验区和中国特色自由贸易港，是党中央着眼于国内国际发展大局，深入研究、统筹考虑、科学谋划作出的重大决策。2020 年 8 月 24 日，《2020 海南自由贸易港投资指南》发布，为全球投资者提供一站式服务。9 月 28 日，海南自贸港开通洲际航线（洋浦—南太平洋—澳大利亚航线）。2021 年 1 月，《最高人民法院关于人民法院为海南自由贸易港建设提供司法服务和保障的意见》发布实施。1 月 27 日，经国务院同意，国家发展改革委、财政部、国家税务总局联合印发了《海南自由贸易港鼓励类产业目录（2020 年本）》。3 月，海关总署发布《海南自由贸易港自用生产设备“零关税”政策海关实施办法（试行）》。6 月 10 日，十三届全国人大常委会第二十九次会议通过《中华人民共和国海南自由贸易港法》，自公布之日起施行。

四是强化创新引领，稳定产业链供应链。加强国家实验室建设，推进重大科技项目实施。改革完善中央财政科研经费管理，提高间接费用比例，扩大科研自主权。延续实施研发费用加计扣除政策，将制造业企业研发费用加计扣除比例提高到 100%。强化知识产权保护。开展重点产业强链补链行动。传统产业数字化智能化改造加快，新兴产业保持良好发展势头。

五是推动城乡区域协调发展，不断优化经济布局。落实区域重大战略和区域协调发展战略，出台新的支持举措，实施一批重大项目。推进以县城为重要载体的城镇化建设。加强农业生产，保障农资供应，对种粮农民一次性

发放 200 亿元补贴。推动乡村振兴，确定 160 个国家乡村振兴重点帮扶县。实施农村人居环境整治提升五年行动。

160 个国家乡村振兴重点帮扶县名单

省份	数量	国家乡村振兴重点帮扶县名单
内蒙古	10	巴林左旗、库伦旗、鄂伦春自治旗、化德县、商都县、四子王旗、科尔沁右翼前旗、科尔沁右翼中旗、扎赉特旗、正镶白旗
广西	20	马山县、融水苗族自治县、三江侗族自治县、德保县、那坡县、凌云县、乐业县、田林县、隆林各族自治县、靖西市、昭平县、凤山县、东兰县、罗城仫佬族自治县、环江毛南族自治县、巴马瑶族自治县、都安瑶族自治县、大化瑶族自治县、忻城县、天等县
重庆	4	城口县、巫溪县、酉阳土家族苗族自治县、彭水苗族土家族自治县
四川	25	金川县、黑水县、壤塘县、阿坝县、若尔盖县、红原县、道孚县、炉霍县、甘孜县、新龙县、德格县、白玉县、石渠县、色达县、理塘县、盐源县、普格县、布拖县、金阳县、昭觉县、喜德县、越西县、甘洛县、美姑县、雷波县
贵州	20	水城区、正安县、务川仡佬族苗族自治县、关岭布依族苗族自治县、紫云苗族布依族自治县、织金县、纳雍县、威宁彝族回族苗族自治县、赫章县、沿河土家族自治县、松桃苗族自治县、晴隆县、望谟县、册亨县、锦屏县、剑河县、榕江县、从江县、罗甸县、三都水族自治县
云南	27	东川区、会泽县、宣威市、昭阳区、鲁甸县、巧家县、盐津县、大关县、永善县、镇雄县、彝良县、宁蒗彝族自治县、澜沧拉祜族自治县、武定县、元阳县、红河县、金平苗族瑶族傣族自治县、绿春县、马关县、广南县、泸水市、福贡县、贡山独龙族怒族自治县、兰坪白族普米族自治县、香格里拉市、德钦县、维西傈僳族自治县
陕西	11	略阳县、镇巴县、汉滨区、紫阳县、岚皋县、白河县、丹凤县、商南县、山阳县、镇安县、柞水县
甘肃	23	靖远县、会宁县、麦积区、秦安县、张家川回族自治县、古浪县、庄浪县、静宁县、环县、镇原县、通渭县、渭源县、岷县、武都区、文县、宕昌县、西和县、礼县、永靖县、东乡族自治县、积石山保安族东乡族撒拉族自治县、临潭县、舟曲县
青海	15	同仁市、尖扎县、泽库县、共和县、玛沁县、班玛县、甘德县、达日县、玛多县、玉树市、杂多县、称多县、治多县、囊谦县、曲麻莱县
宁夏	5	红寺堡区、同心县、原州区、西吉县、海原县

六是加强生态环境保护，促进可持续发展。巩固蓝天、碧水、净土保卫战成果。推动化肥农药减量增效和畜禽养殖废弃物资源化利用。持续推进生态保护修复重大工程，全面实施长江十年禁渔。可再生能源发电装机规模突破10亿千瓦。出台碳达峰行动方案。启动全国碳排放权交易市场。积极应对气候变化。

[延伸阅读]

2030年前碳达峰行动方案

2021年10月，国务院印发《2030年前碳达峰行动方案》。强调要坚持“总体部署、分类施策，系统推进、重点突破，双轮驱动、两手发力，稳妥有序、安全降碳”的工作原则，强化顶层设计和各方统筹，加强政策的系统性、协同性，更好发挥政府作用，充分发挥市场机制作用，坚持先立后破，以保障国家能源安全和经济发展为底线，推动能源低碳转型平稳过渡，稳妥有序、循序渐进推进碳达峰行动，确保安全降碳。并提出了非化石能源消费比重、能源利用效率提升、二氧化碳排放强度降低等主要目标。

七是着力保障和改善民生，加快发展社会事业。加大农村义务教育薄弱环节建设力度，提高学生营养改善计划补助标准，3700多万学生受益。减轻义务教育阶段学生作业负担和校外培训负担。超额完成高职扩招三年行动目标。国家助学贷款每人每年最高额度增加4000元，惠及 500 多万在校生。上调退休人员基本养老金。提高优抚标准。将低保边缘家庭重病重残人员纳入低保范围，做好困难群众帮扶救助。改革疾病预防控制体系。把更多常见病、慢性病等门诊费用纳入医保报销范围，住院费用跨省直接结算率达到 60%。严格药品疫苗监管。实施三孩生育政策。加强养老服务。加快发展保障性租赁住房。繁荣发展文化事业和文化产业，创新实施文化惠民工程。营造

[名词解释]

三孩生育政策

三孩生育政策是中国积极应对人口老龄化而实行的一项生育政策。2021 年 5 月，中共中央政治局召开会议，审议《关于优化生育政策促进人口长期均衡发展的决定》，并指出，为进一步优化生育政策，实施一对夫妻可以生育三个子女政策及配套支持措施。6 月，《中共中央国务院关于优化生育政策促进人口长期均衡发展的决定》印发，就优化生育政策，实施一对夫妻可以生育三个子女政策，并取消社会抚养费等制约措施、清理和废止相关处罚规定，配套实施积极生育支持措施，作出相关规定。7 月，国家医疗保障局办公室下发关于做好支持三孩政策生育保险工作的通知，提出要确保参保女职工生育三孩的费用纳入生育保险待遇支付范围。8 月，全国人大常委会会议表决通过了关于修改人口与计划生育法的决定，修改后的人口计生法规定，国家提倡适龄婚育、优生优育，一对夫妻可以生育三个子女。12 月，《国家卫生健康委办公厅关于完善生育登记制度的指导意见》印发，就精简登记事项、优化相关服务、强化人口监测三方面进行详细安排，保障优化生育政策工作，推动提升家庭发展能力，促进人口长期均衡发展。

习近平出席第二十四届冬季奥林匹克运动会开幕式并宣布本届冬奥会开幕

良好网络生态。积极开展全民健身运动。我国体育健儿在东京奥运会、残奥会上勇创佳绩。经过精心筹备，我们成功举办了简约、安全、精彩的北京冬奥会，也一定能办好刚刚开幕的冬残奥会。

八是推进法治政府建设和治理创新，保持社会和谐稳定。提请全国人大常委会审议法律议案10件，制定修订行政法规15部。认真办理人大代表建议和政协委员提案。出台法治政府建设实施纲要。发挥审计监督作用。继

[延伸阅读]

"互联网＋督查"

为深入推动党中央、国务院重大决策部署和政策措施贯彻落实，按照国务院关于实施"互联网＋督查"的工作部署，国务院办公厅从2019年4月22日起设立国务院"互联网＋督查"平台，开通国务院"互联网＋督查"小程序，围绕中央经济工作会议部署和政府工作报告提出的目标任务，面向社会征集四个方面问题线索或意见建议：一是党中央、国务院有关重大决策部署和政策措施不落实或落实不到位的问题线索；二是政府及其有关部门、单位不作为慢作为乱作为的问题线索；三是因政策措施不协调不配套不完善给市场主体和人民群众带来困扰的问题线索；四是改进政府工作的意见建议。

"互联网＋督查"平台对收到的问题线索和意见建议进行汇总整理，督促有关地方、部门处理。对企业和群众反映强烈、带有普遍性的重要问题线索，由国务院办公厅督查室直接派员进行督查。经查证属实、较为典型的问题，予以公开曝光、严肃处理。2021年4月，平台在开通两周年之际，全新改版，新增人民群众反映问题通道、市场主体反映问题通道、基层政府反映问题通道。

续开展国务院大督查，深入实施“互联网＋督查”。创新城乡基层治理。扎实做好信访工作，化解信访积案。强化安全生产和应急管理。加强国家安全保障能力建设。完善社会治安防控体系，常态化开展扫黑除恶斗争，集中打击治理电信网络诈骗等犯罪。去年一些地区发生严重洪涝等灾害，各方面积极开展防灾救灾和灾后重建，努力保障人民群众生命财产安全。

李克强在河南考察并主持召开灾后恢复重建专题会议

贯彻落实党中央全面从严治党战略部署。开展党史学习教育。加强党风廉政建设和反腐败斗争。严格落实中央八项规定精神，持之以恒纠治“四风”，进一步为基层减负。

中国特色大国外交全面推进。习近平主席等党和国家领导人通过视频方式出席联合国大会、二十国集团领导人峰会、亚太经合组织领导人非正式会议、金砖国家领导人会晤、中国—东盟建立对话关系 30 周年纪念峰会、中非合作论坛部长级会议开幕式、东亚合作领导人系列会议、亚欧首脑会议等重大活动。成功举办多场重大主场外交活动。推动构建人类命运共同体，积极发展全球伙伴关系，积极参与全球治理体系改革和建设，推进国际抗疫合作，共同应对全球性问题和挑战。中国为促进世界和平与发展作出了积极贡献。

2021 年中国外交：在博弈较量中勇毅前行

各位代表！

过去一年取得的成绩，是以习近平同志为核心的党中央坚强领导的结果，是习近平新时代中国特色社会主义思想科学指引的结果，是全党全军全国各族人民团结奋斗的结果。我代表国务院，向全国各族人民，向各民主党派、各人民团体和各界人士，表示诚挚感谢！向香港特别行政区同胞、澳门特别行政区同胞、台湾同胞和海外侨胞，表示诚挚感谢！向关心和支持中国现代化建设的各国政府、国际组织和各国朋友，表示诚挚感谢！

在肯定成绩的同时，我们也清醒看到面临的问题和挑战。全球疫情仍在持续，世界经济复苏动力不足，大宗商品价格高位波动，外部环境更趋复杂严峻和不确定。我国经济发展面临需求收缩、供给冲击、预期转弱三重压力。局部疫情时有发生。消费和投资恢复迟缓，稳出口难度增大，能源原材料供应仍然偏紧，输入性通胀压力加大，中小微企业、个体工商户生产经营困难，稳就业任务更加艰巨。关键领域创新支撑能力不强。一些地方财政收支矛盾加大，经济金融领域风险隐患较多。民生领域还有不少短板。政府工作存在不足，形式主义、官僚主义仍然突出，脱离实际、违背群众意愿现象屡有发生，有的在政策执行中采取“一刀切”、运动式做法。少数干部不担当、不作

[名词解释]

需求收缩、供给冲击、预期转弱

需求是经济学术语，在微观上指买者想要并且能够购买的某种物品和服务，在宏观上指一个经济体中所有买者想要并且能够购买的所有物品和服务。在一个经济体中，宏观需求通常称为总需求。在整个经济中，有众多买者，经济学把这些买者的需求进行分类，分属于四个部门：消费、投资、政府购买、净出口。其中，消费是家庭部门的支出，投资是企业部门的支出加上家庭部门购买新住宅，政府购买是政府部门的支出，净出口是国外部门对我国的净购买，等于我国的出口减去进口。由此得出：总需求 = 消费 + 投资 + 政府购买 + 净出口。以上四项一起构成整个经济社会的全部需求，对应着用支出法核算的国内生产总值。

所谓需求收缩，就是指这四项中的某些项减少，主要是消费、投资和出口三大需求减少。政府购买的支出属于可以主动调节的变量，而上述三大需求则是社会经济发展的客观现实，从宏观政策主体的角度，主要考虑其所面临的客观环境变化。

供给冲击是宏观经济学专业术语。供给对应生产者，供给冲击指重要的能源或原材料价格飙升，导致生产成本过高，总供给曲线左移，均衡价格水平上升，均衡产出减少，这种生产萎缩伴随物价上涨的经济现象称为“滞胀”。2022 年要特别关注原材料、劳动力、供应链三类供给冲击。

在原材料特别是初级产品供给冲击方面，短期供给冲击会在较短时间内恢复正常，一般不会对一国经济乃至全球经济造成严重影响，要高度重视的是有可能引起长期化的供给冲击。中国作为全球最大的制造业国家，也是人口大国，产生了对能源、原材料的巨大需求，同时也导致中国多种大宗商品对外依存度过高。

在劳动力缺失供给冲击方面，中国正面临劳动力供给冲击的挑战，一方面，中国人口结构变化导致劳动力人群的增长速度减缓。另一方面，中国劳动参与率也在缓慢下降，需高度重视。

在供应链短板供给冲击方面，在中国加入 WTO 之后的 20 年里，中国逐渐融入国际分工体系，主要承担了中下游的加工生产环节，因此对中上游的高端零部件和原料等中间产品有较高依存度。如果在全球供应链中的关键商品经常性出现供给冲击，会对中国相关行业乃至整体经济产生很大的影响，需高度重视。

预期是指对未来的看法，预期转弱是指对 2022 年经济增长态势持不乐观的判断。当前新冠病毒不断变异，在德尔塔毒株之后又出现传染率非常高的奥密克戎新毒株，继续威胁着人类生命，疫情加大了需求收缩的幅度。

为、乱作为，有的漠视严重侵害群众权益问题、工作严重失职失责。一些领域腐败问题依然多发。我们要增强忧患意识，直面问题挑战，全力以赴做好工作，决不辜负人民期待！

二、2022年经济社会发展总体要求和政策取向

今年将召开中国共产党第二十次全国代表大会，是党和国家事业发展进程中十分重要的一年。做好政府工作，要在以习近平同志为核心的党中央坚强领导下，以习近平新时代中国特色社会主义思想为指导，全面贯彻落实党的十九大和十九届历次全会精神，弘扬伟大建党精神，坚持稳中求进工作总基调，完整、准确、全面贯彻新发展理念，加快构建新发展格局，全面深化改革开放，坚持创新驱动发展，推动高质量发展，坚持以供给侧结构性改革为主线，统筹疫情防控和经济社会发展，统筹发展和安全，继续做好“六稳”、“六保”工作，持续改善民生，着力稳定宏观经济大盘，保持经济运行在合理区间，保持社会大局稳定，迎接党的二十大胜利召开。

综合研判国内外形势，今年我国发展面临的风险挑战明显增多，必须爬坡过坎。越是困难越要坚定信心、越要真抓实干。我国经济长期向好的基本面不会改变，持续发展具有多方面有利条件，特别是亿万人民有追求美好生活的强烈愿望、创业创新的巨大潜能、共克时艰的坚定意志，我们还积累了应对重大风险挑战的丰富经验。中国经济一定能顶住新的下行压力，必将行稳致远。

今年发展主要预期目标是：国内生产总值增长 5.5%左右；城镇新增就业 1100 万人以上，城镇调查失业率全年控制在 5.5%以内；居民消费价格涨幅 3%左右；居民收入增长与经济增长基本同步；进出口保稳提质，国际收支基本平衡；粮食产量保持在 1.3 万亿斤以上；生态环境质量持续改善，主要污染物排放量继续下降；能耗强度目标在“十四五”规划期内统筹考核，并留有适当弹性，新增可再生能源和原料用能不纳入能源消费总量控制。

经济增速预期目标的设定，主要考虑稳就业保民生防风险的需要，并同近两年平均经济增速以及“十四五”规划目标要求相衔接。这是高基数上的中高速增长，体现了主动作为，需要付出艰苦努力才能实现。

完成今年发展目标任务，宏观政策要稳健有效，微观

2022年发展主要预期目标

国内生产总值 增长5.5%左右

城镇新增就业 1100万人以上

城镇调查失业率 全年控制在5.5%以内

居民消费价格 涨幅3%左右

居民收入 增长与经济增长基本同步

进出口保稳提质 国际收支基本平衡

粮食产量 保持在1.3万亿斤以上

生态环境质量持续改善
主要污染物排放量继续下降

能耗强度目标在“十四五”规划期内统筹考核，并留有适当弹性，新增可再生能源和原料用能不纳入能源消费总量控制政策要持续激发市场主体活力，结构政策要着力畅通国民经济循环，科技政策要扎实落地，改革开放政策要激活发展动力，区域政策要增强发展的平衡性协调性，社会政策要兜住兜牢民生底线。各方面要围绕贯彻这些重大政策和要求，细化实化具体举措，形成推动发展的合力。

要保持宏观政策连续性，增强有效性。积极的财政政策要提升效能，更加注重精准、可持续。稳健的货币政策要灵活适度，保持流动性合理充裕。就业优先政策要提质加力。政策发力适当靠前，及时动用储备政策工具，确保经济平稳运行。

继续做好常态化疫情防控。坚持外防输入、内防反弹，不断优化完善防控措施，加强口岸城市疫情防控，加大对病毒变异的研究和防范力度，加快新型疫苗和特效药物研发，持续做好疫苗接种工作，更好发挥中医药独特作用，科学精准处置局部疫情，保持正常生产生活秩序。

今年工作要坚持稳字当头、稳中求进。面对新的下行压力，要把稳增长放在更加突出的位置。各地区各部门要切实担负起稳定经济的责任，积极推出有利于经济稳定的政策。要统筹稳增长、调结构、推改革，加快转变发展方式，不搞粗放型发展。坚持实事求是，立足社会主义初级阶段基本国情，着力办好自己的事，尊重发展规律、客观

［延伸阅读］

稳字当头、稳中求进

党的十八大以来，习近平总书记多次提及或论述“稳中求进”。历次中央经济工作会议都强调“稳中求进工作总基调”。习近平总书记强调：稳中求进工作总基调是治国理政的重要原则，也是做好经济工作的方法论。稳是主基调，稳是大局，“稳”的重点要放在稳住经济运行上，“进”的重点要放在调整经济结构和深化改革开放上。“稳”和“进”要相互促进，在稳的前提下要在关键领域有所进取，在把握好度的前提下奋发有为。经济社会平稳，才能为调整经济结构和深化改革开放创造稳定的宏观环境；调整经济结构和深化改革开放取得实质性进展，才能为经济社会平稳运行创造良好预期。

实际和群众需求，因地制宜创造性开展工作，把各方面干事创业积极性充分调动起来。推动有效市场和有为政府更好结合，善于运用改革创新办法，激发市场活力和社会创造力。要坚持以人民为中心的发展思想，依靠共同奋斗，扎实推进共同富裕，不断实现人民对美好生活的向往。

三、2022年政府工作任务

今年经济社会发展任务重、挑战多。要按照以习近平同志为核心的党中央部署要求，完整、准确、全面贯彻新

2022年政府工作任务

01 着力稳定宏观经济大盘，保持经济运行在合理区间

- 提升积极的财政政策效能
- 要用好政府投资资金，带动扩大有效投资
- 要坚持政府过紧日子，更好节用裕民
- 加大稳健的货币政策实施力度
- 强化就业优先政策
- 确保粮食能源安全
- 防范化解重大风险

02 着力稳市场主体保就业，加大宏观政策实施力度

- 实施新的组合式税费支持政策
- 加强金融对实体经济的有效支持
- 推动降低企业生产经营成本
- 落实落细稳就业举措

03 坚定不移深化改革，更大激发市场活力和发展内生动力

- 加快转变政府职能
- 促进多种所有制经济共同发展
- 推进财税金融体制改革

04 深入实施创新驱动发展战略，巩固壮大实体经济根基

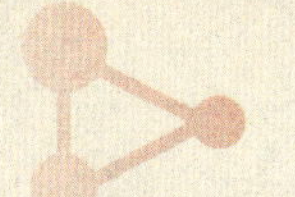

- 提升科技创新能力
- 加大企业创新激励力度
- 增强制造业核心竞争力
- 促进数字经济发展

坚定实施扩大内需战略，推进区域协调发展和新型城镇化

- 推动消费持续恢复
- 积极扩大有效投资
- 增强区域发展平衡性协调性
- 提升新型城镇化质量

大力抓好农业生产，促进乡村全面振兴

- 加强粮食等重要农产品稳产保供
- 全面巩固拓展脱贫攻坚成果
- 扎实稳妥推进农村改革发展

扩大高水平对外开放，推动外贸外资平稳发展

- 多措并举稳定外贸
- 积极利用外资
- 高质量共建"一带一路"
- 深化多双边经贸合作

持续改善生态环境，推动绿色低碳发展

- 加强生态环境综合治理
- 有序推进碳达峰碳中和工作

09 切实保障和改善民生，加强和创新社会治理

- 促进教育公平与质量提升
- 提高医疗卫生服务能力
- 加强社会保障和服务
- 继续保障好群众住房需求
- 丰富人民群众精神文化生活
- 推进社会治理共建共治共享

发展理念，加快构建新发展格局，推动高质量发展，扎实做好各项工作。

（一）着力稳定宏观经济大盘，保持经济运行在合理区间。继续做好“六稳”、“六保”工作。宏观政策有空间有手段，要强化跨周期和逆周期调节，为经济平稳运行提供有力支撑。

提升积极的财政政策效能。今年赤字率拟按 2.8%左右安排、比去年有所下调，有利于增强财政可持续性。预计今年财政收入继续增长，加之特定国有金融机构和专营机构依法上缴近年结存的利润、调入预算稳定调节基金等，支出规模比去年扩大 2 万亿元以上，可用财力明显增加。新增财力要下沉基层，主要用于落实助企纾困、稳就业保民生政策，促进消费、扩大需求。今年安排中央本级支出增长 3.9%，其中中央部门支出继续负增长。中央对地方转移支付增加约 1.5 万亿元、规模近 9.8 万亿元，增长 18%、为多年来最大增幅。中央财政将更多资金纳入直达范围，省级财政也要加大对市县的支持，务必使基层落实惠企利民政策更有能力、更有动力。

要用好政府投资资金，带动扩大有效投资。今年拟安排地方政府专项债券 3.65 万亿元。强化绩效导向，坚持“资金、要素跟着项目走”，合理扩大使用范围，支持在建项目后续融资，开工一批具备条件的重大工程、新型基础设施、老旧公用设施改造等建设项目。民间投资在投资中占大头，要发挥重大项目牵引和政府投资撬动作用，完善相关支持政策，充分调动民间投资积极性。

要坚持政府过紧日子，更好节用裕民。大力优化支出结构，保障重点支出，严控一般性支出。盘活财政存量资金和闲置资产。各级政府必须艰苦奋斗、勤俭节约，中央政府和省级政府要带头。加强收支管理，严禁铺张浪费，不得违规新建楼堂馆所，不得搞形象工程，对违反财经纪律、肆意挥霍公款的要严查重处，一定要把宝贵资金用在发展紧要处、民生急需上。

加大稳健的货币政策实施力度。发挥货币政策工具的总量和结构双重功能，为实体经济提供更有力支持。扩大新增贷款规模，保持货币供应量和社会融资规模增速与名义经济增速基本匹配，保持宏观杠杆率基本稳定。保持人民币汇率在合理均衡水平上的基本稳定。进一步疏通货币政策传导机制，引导资金更多流向重点领域和薄弱环节，扩大普惠金融覆盖面。推动金融机构降低实际贷款利率、减少收费，让广大市场主体切身感受到融资便利度提升、综合融资成本实实在在下降。

强化就业优先政策。大力拓宽就业渠道，注重通过稳市场主体来稳就业，增强创业带动就业作用。财税、金融等政策都要围绕就业优先实施，加大对企业稳岗扩岗的支持力度。各类专项促就业政策要强化优化，对就业创业的不合理限制要坚决清理取消。各地都要千方百计稳定和扩大就业。

确保粮食能源安全。保障粮食等重要农产品供应，继续做好能源、重要原材料保供稳价工作，保障民生和企业正常生产经营用电。实施全面节约战略。增强国内资源生产保障能力，加快油气、矿产等资源勘探开发，完善国家战略物资储备制度，保障初级产品供给。打击哄抬物价等行为。保持物价水平基本稳定。

防范化解重大风险。继续按照稳定大局、统筹协调、分类施策、精准拆弹的基本方针，做好经济金融领域风险防范和处置工作。压实地方属地责任、部门监管责任和企业主体责任，加强风险预警、防控机制和能力建设，设立金融稳定保障基金，发挥存款保险制度和行业保障基金的作用，运用市场化、法治化方式化解风险隐患，有效应对外部冲击，牢牢守住不发生系统性风险的底线。

（二）着力稳市场主体保就业，加大宏观政策实施力度。完善减负纾困等政策，夯实经济稳定运行、质量提升的基础。

实施新的组合式税费支持政策。坚持阶段性措施和制

2022年实施新的组合式税费支持政策

一方面，延续实施扶持制造业、小微企业和个体工商户的减税降费政策，并提高减免幅度、扩大适用范围

- 对小规模纳税人阶段性免征增值税
- 对小微企业年应纳税所得额100万元至300万元部分，再减半征收企业所得税
- 各地也要结合实际，依法出台税费减免等有力措施，使减税降费力度只增不减，以稳定市场预期

另一方面，综合考虑为企业提供现金流支持、促进就业消费投资，大力改进因增值税税制设计类似于先缴后退的留抵退税制度，今年对留抵税额提前实行大规模退税

- 优先安排小微企业，对小微企业的存量留抵税额于6月底前一次性全部退还，增量留抵税额足额退还
- 重点支持制造业，全面解决制造业、科研和技术服务、生态环保、电力燃气、交通运输等行业留抵退税问题
- 增值税留抵退税力度显著加大，以有力提振市场信心。预计全年退税减税约2.5万亿元，其中留抵退税约1.5万亿元，退税资金全部直达企业
- 中央财政将加大对地方财力支持，补助资金直达市县，地方政府及有关部门要建立健全工作机制，加强资金调度，确保退税减税这项关键性举措落实到位，为企业雪中送炭，助企业焕发生机

度性安排相结合，减税与退税并举。一方面，延续实施扶持制造业、小微企业和个体工商户的减税降费政策，并提高减免幅度、扩大适用范围。对小规模纳税人阶段性免征增值税。对小微企业年应纳税所得额 100 万元至 300 万元部分，再减半征收企业所得税。各地也要结合实际，依法出台税费减免等有力措施，使减税降费力度只增不减，以

稳定市场预期。另一方面，综合考虑为企业提供现金流支持、促进就业消费投资，大力改进因增值税税制设计类似于先缴后退的留抵退税制度，今年对留抵税额提前实行大规模退税。优先安排小微企业，对小微企业的存量留抵税额于 6 月底前一次性全部退还，增量留抵税额足额退还。重点支持制造业，全面解决制造业、科研和技术服务、生态环保、电力燃气、交通运输等行业留抵退税问题。增值税留抵退税力度显著加大，以有力提振市场信心。预计全年退税减税约 2.5 万亿元，其中留抵退税约 1.5 万亿元，退税资金全部直达企业。中央财政将加大对地方财力支

[名词解释]

增值税留抵退税

增值税留抵退税是国家落实减税降费的具体举措，通过对企业尚未抵扣的当期增值税留抵税额予以提前退税，以缓解市场主体资金压力，增加企业现金流。我国的增值税实行购进扣税制度，允许纳税人从销项税额中抵扣购进环节支付的进项税额。在纳税人日常经营中，购进货物、应税劳务、应税服务、无形资产或者不动产，在用于可抵扣项目时可以凭借取得的增值税扣税凭证抵扣进项税额，在销售货物、服务、无形资产或不动产时确认销项税额，销项税额减去进项税额后的余额就是当期的应纳税额。如果销项税额大于进项税额，则应纳税额大于零，需要缴纳税款。如果销项税额小于进项税额，则应纳税额小于零，无须实际缴纳税款，这样就会产生留抵税额。所谓的增值税留抵税额，就是纳税人前期进项税额大于销项税额后两者的差额。这部分留抵税额可以留待下期抵扣。

持，补助资金直达市县，地方政府及有关部门要建立健全工作机制，加强资金调度，确保退税减税这项关键性举措落实到位，为企业雪中送炭，助企业焕发生机。

加强金融对实体经济的有效支持。用好普惠小微贷款支持工具，增加支农支小再贷款，优化监管考核，推动普惠小微贷款明显增长、信用贷款和首贷户比重继续提升。引导金融机构准确把握信贷政策，继续对受疫情影响严重的行业企业给予融资支持，避免出现行业性限贷、抽贷、断贷。发挥好政策性、开发性金融作用。推进涉企信用信息整合共享，加快税务、海关、电力等单位与金融机构信息联通，扩大政府性融资担保对小微企业的覆盖面，努力营造良好融资生态，进一步推动解决实体经济特别是中小微企业融资难题。

推动降低企业生产经营成本。清理转供电环节不合理加价，支持地方对特殊困难行业用电实行阶段性优惠政策。引导大型平台企业降低收费，减轻中小商户负担。进一步清理规范行业协会商会、中介机构等收费。要开展涉企违规收费专项整治行动，建立协同治理和联合惩戒机制，坚决查处乱收费、乱罚款、乱摊派。要加大拖欠中小企业账款清理力度，规范商业承兑汇票使用，机关、事业单位和国有企业要带头清欠。餐饮、住宿、零售、文化、旅游、客运等行业就业容量大、受疫情影响重，各项帮扶政策都要予以倾斜，支持这些行业企业挺得住、过难关、有奔头。

落实落细稳就业举措。延续执行降低失业和工伤保险费率等阶段性稳就业政策。对不裁员少裁员的企业，继续实施失业保险稳岗返还政策，明显提高中小微企业返还比例。今年高校毕业生超过 1000 万人，要加强就业创业指导、政策支持和不断线服务。做好退役军人安置和就业保

落实落细稳就业举措

- 延续执行降低失业和工伤保险费率等阶段性稳就业政策
- 对不裁员少裁员的企业，继续实施失业保险稳岗返还政策，明显提高中小微企业返还比例

- 今年高校毕业生超过1000万人，要加强就业创业指导、政策支持和不断线服务
- 做好退役军人安置和就业保障，促进农民工就业，帮扶残疾人、零就业家庭成员就业

- 深入开展大众创业万众创新，增强双创平台服务能力
- 加强灵活就业服务，完善灵活就业社会保障政策，开展新就业形态职业伤害保障试点

- 坚决防止和纠正性别、年龄、学历等就业歧视，大力营造公平就业环境
- 加强劳动保障监察执法，着力解决侵害劳动者合法权益的突出问题

- 增强公共就业服务针对性

- 继续开展大规模职业技能培训，共建共享一批公共实训基地
- 使用1000亿元失业保险基金支持稳岗和培训，加快培养制造业高质量发展的急需人才，让更多劳动者掌握一技之长、让三百六十行行行人才辈出

障，促进农民工就业，帮扶残疾人、零就业家庭成员就业。深入开展大众创业万众创新，增强双创平台服务能力。加强灵活就业服务，完善灵活就业社会保障政策，开展新就业形态职业伤害保障试点。坚决防止和纠正性别、年龄、学历等就业歧视，大力营造公平就业环境。加强劳动保障监察执法，着力解决侵害劳动者合法权益的突出问题。增强公共就业服务针对性。继续开展大规模职业技能培训，共建共享一批公共实训基地。使用1000亿元失业保险基金支持稳岗和培训，加快培养制造业高质量发展的急需人才，让更多劳动者掌握一技之长、让三百六十行行行人才辈出。

（三）**坚定不移深化改革，更大激发市场活力和发展内生动力**。处理好政府和市场的关系，使市场在资源配置中起决定性作用，更好发挥政府作用，构建高水平社会主义市场经济体制。

加快转变政府职能。加强高标准市场体系建设，抓好要素市场化配置综合改革试点，加快建设全国统一大市场。围绕打造市场化法治化国际化营商环境，持续推进“放管服”改革，对取消和下放审批事项要同步落实监管责任和措施。继续扩大市场准入。全面实行行政许可事项清单管理。加强数字政府建设，推动政务数据共享，进

[名词解释]

数字政府

数字政府是指在现代计算机、网络通信等技术支撑下，政府机构日常办公、信息收集与发布、公共管理等事务在数字化、网络化的环境下进行的国家行政管理形式。这种运行方式包含多方面的内容，如政府办公自动化、政府实时信息发布、各级政府间的可视远程会议、公民随机网上查询政府信息、电子化民意调查和社会经济统计、电子选举等。随着互联网、大数据、云计算、人工智能、区块链、量子科技等新一代信息技术的成熟与推广，政府运行遵循“业务数据化，数据业务化”的新型模式，以新一代信息技术为支撑，重塑政务信息化管理架构、业务架构、技术架构，通过构建大数据驱动的政务新机制、新平台、新渠道，进一步优化调整政府内部的组织架构、运作程序和管理服务，全面提升政府在经济调节、市场监管、社会治理、公共服务、环境保护等领域的履职能力，形成“用数据对话、用数据决策、用数据服务、用数据创新”的现代化治理模式。

一步压减各类证明事项，扩大“跨省通办”范围，基本实现电子证照互通互认，便利企业跨区域经营，加快解决群众关切事项的异地办理问题。推进政务服务事项集成化办理，推出优化不动产登记、车辆检测等便民举措。强化政府监管责任，严格落实行业主管部门、相关部门监管责任和地方政府属地监管责任，防止监管缺位。加快建立健全全方位、多层次、立体化监管体系，实现事前事中事后全链条全领域监管，提高监管效能。抓紧完善重点领域、新兴领域、涉外领域监管规则，创新监管方法，提升监管精准性和有效性。深入推进公平竞争政策实施，加强反垄断和反不正当竞争，维护公平有序的市场环境。

促进多种所有制经济共同发展。坚持和完善社会主义基本经济制度，坚持“两个毫不动摇”。要正确认识和把握资本的特性和行为规律，支持和引导资本规范健康发展。依法平等保护企业产权、自主经营权和企业家合法权益，营造各类所有制企业竞相发展的良好环境。完成国企改革三年行动任务，加快国有经济布局优化和结构调整，深化混合所有制改革，加强国有资产监管，促进国企聚焦主责主业、提升产业链供应链支撑和带动能力。落实支持民营经济发展的政策措施，鼓励引导民营企业改革创新，构建亲清政商关系。弘扬企业家精神，制定涉企政策要多听市场主体意见，尊重市场规律，支持企业家专注创业创

[延伸阅读]

企业家精神

企业家精神是促进经济社会发展的一个重要动力，市场主体要高质量发展必须具备企业家精神。2020 年 7 月 21 日，习近平总书记在企业家座谈会上指出，企业家要带领企业战胜当前的困难，走向更辉煌的未来，就要在爱国、创新、诚信、社会责任和国际视野等方面不断提升自己，努力成为新时代构建新发展格局、建设现代化经济体系、推动高质量发展的生力军。并对企业家提出了五点希望：一是增强爱国情怀，二是勇于创新，三是诚信守法，四是承担社会责任，五是拓展国际视野。

新、安心经营发展。

推进财税金融体制改革。深化预算绩效管理改革，增强预算的约束力和透明度。推进省以下财政体制改革。完善税收征管制度，依法打击偷税骗税。加强和改进金融监管。深化中小银行股权结构和公司治理改革，加快不良资产处置。完善民营企业债券融资支持机制，全面实行股票发行注册制，促进资本市场平稳健康发展。

（四）深入实施创新驱动发展战略，巩固壮大实体经济根基。推进科技创新，促进产业优化升级，突破供给约束堵点，依靠创新提高发展质量。

提升科技创新能力。实施基础研究十年规划，加强长期稳定支持，提高基础研究经费占全社会研发经费比重。实施科技体制改革三年攻坚方案，强化国家战略科技力量，加强国家实验室和全国重点实验室建设，发挥好高校和科研院所作用，改进重大科技项目立项和管理方式，深化科技评价激励制度改革。支持各地加大科技投入，开展各具特色的区域创新。加强科普工作。推进国际科技合作。加快建设世界重要人才中心和创新高地，完善人才发展体制机制，弘扬科学家精神，加大对青年科研人员支持力度，让各类人才潜心钻研、尽展其能。

加大企业创新激励力度。强化企业创新主体地位，持续推进关键核心技术攻关，深化产学研用结合，促进科技成果转移转化。加强知识产权保护和运用。促进创业投资发展，创新科技金融产品和服务，提升科技中介服务专业化水平。加大研发费用加计扣除政策实施力度，将科技型中小企业加计扣除比例从75%提高到100%，对企业投入基础研究实行税收优惠，完善设备器具加速折旧、高新技术企业所得税优惠等政策，这相当于国家对企业创新给予大规模资金支持。要落实好各类创新激励政策，以促进企业加大研发投入，培育壮大新动能。

增强制造业核心竞争力。促进工业经济平稳运行，加强原材料、关键零部件等供给保障，实施龙头企业保链稳链工程，维护产业链供应链安全稳定。引导金融机构增加制造业中长期贷款。启动一批产业基础再造工程项目，促进传统产业升级，大力推进智能制造，加快发展先进制造业集群，实施国家战略性新兴产业集群工程。着力培育“专精特新”企业，在资金、人才、孵化平台搭建等方面给予大力支持。推进质量强国建设，推动产业向中高端迈进。

促进数字经济发展。加强数字中国建设整体布局。建设数字信息基础设施，逐步构建全国一体化大数据中心体系，推进5G规模化应用，促进产业数字化转型，发展智慧城市、数字乡村。加快发展工业互联网，培育壮大集成

[名词解释]

战略性新兴产业集群

战略性新兴产业集群是指能够在未来成为主导产业或是支柱产业的新兴产业集群。从类型上看，战略性新兴产业集群既包含同一产业链环节的新兴企业及其配套集合（即横向集群），也包含产业链上下游的新兴企业及其配套集合（即纵向集群）。相对于传统制造业集群，战略性新兴产业集群除了地理临近性特征外，还具有显著的创新驱动性、知识溢出性、产业放大性和技术发展不确定性特征。从实质上看，战略性新兴产业集群不是单纯的创业企业家个体之间的社会关系网络，不是单纯的科研机构之间的技术网络，也不是单纯的产业内部的企业间关系，而是一种涵盖了战略性技术研发、新兴技术产业化、新兴产业网络化整个过程的具有知识传播、动态循环和创新扩散的组织间关系网络。

"专精特新"企业

"专精特新"企业是指具有"专业化、精细化、特色化、新颖化"特征的企业。

"专"，即专业化。是指采用专项技术或工艺通过专业化生产制造的专用性强、专业特点明显、市场专业性强的产品，其主要特征是产品用途的专门性、生产工艺的专业性、技术的专有性和产品在细分市场中具有专业化发展优势。

"精"，即精细化。是指采用先进适用技术或工艺，按照精益求精的理念，建立精细高效的管理制度和流程，通过精细化管理，精心设计生产的精良产品，其主要特征是产品的精致性、工艺技术的精深性和企业的精细化管理。

"特"，即特色化。是指采用独特的工艺、技术、配方或特殊原料研制生产的，具有地域特点或具有特殊功能的产品，其主要特征是产品或服务的特色化。

"新"，即新颖化。是指依靠自主创新、转化科技成果、联合创新或引进消化吸收再创新方式研制生产的，具有自主知识产权的高新技术产品，其主要特征是产品（技术）的创新性、先进性，具有较高的技术含量、较高的附加值和显著的经济、社会效益。

电路、人工智能等数字产业，提升关键软硬件技术创新和供给能力。完善数字经济治理，培育数据要素市场，释放数据要素潜力，提高应用能力，更好赋能经济发展、丰富人民生活。

（五）坚定实施扩大内需战略，推进区域协调发展和新型城镇化。畅通国民经济循环，打通生产、分配、流通、消费各环节，增强内需对经济增长的拉动力。

推动消费持续恢复。多渠道促进居民增收，完善收入分配制度，提升消费能力。推动线上线下消费深度融合，促进生活服务消费恢复，发展消费新业态新模式。继续支持新能源汽车消费，鼓励地方开展绿色智能家电下乡和以旧换新。加大社区养老、托幼等配套设施建设力度，在规划、用地、用房等方面给予更多支持。促进家政服务业提质扩容。加强县域商业体系建设，发展农村电商和快递物流配送。提高产品和服务质量，强化消费者权益保护，着力适应群众需求、增强消费意愿。

积极扩大有效投资。围绕国家重大战略部署和“十四五”规划，适度超前开展基础设施投资。建设重点水利工程、综合立体交通网、重要能源基地和设施，加快城市燃气管道、给排水管道等管网更新改造，完善防洪排涝设施，继续推进地下综合管廊建设。中央预算内投资安排

6400 亿元。政府投资更多向民生项目倾斜，加大社会民生领域补短板力度。深化投资审批制度改革，做好用地、用能等要素保障，对国家重大项目要实行能耗单列。要优化投资结构，破解投资难题，切实把投资关键作用发挥出来。

韩正出席横琴粤澳深度合作区管理机构揭牌仪式

增强区域发展平衡性协调性。深入实施区域重大战略和区域协调发展战略。推进京津冀协同发展、长江经济带发展、粤港澳大湾区建设、长三角一体化发展、黄河流域生态保护和高质量发展，高标准高质量建设雄安新区，支持北京城市副中心建设。推动西部大开发形成新格局，推动东北振兴取得新突破，推动中部地区高质量发展，鼓励东部地区加快推进现代化，支持产业梯度转移和区域合作。支持革命老区、民族地区、边疆地区加快发展。发展海洋经济，建设海洋强国。经济大省要充分发挥优势，增强对全国发展的带动作用。经济困难地区要用好国家支持政策，挖掘自身潜力，努力促进经济恢复发展。

提升新型城镇化质量。有序推进城市更新，加强市政设施和防灾减灾能力建设，开展老旧建筑和设施安全隐患排查整治，再开工改造一批城镇老旧小区，支持加装电梯等设施，推进无障碍环境建设和公共设施适老化改造。健全常住地提供基本公共服务制度。加强县城基础设施建设。稳步推进城市群、都市圈建设，促进大中小城市和小城镇协调发展。推进成渝地区双城经济圈建设。严控撤县建市设区。在城乡规划建设中做好历史文化保护传承，节约集约用地。要深入推进以人为核心的新型城镇化，不断提高人民生活质量。

（六）大力抓好农业生产，促进乡村全面振兴。完善和强化农业支持政策，接续推进脱贫地区发展，促进农业丰收、农民增收。

加强粮食等重要农产品稳产保供。稳定粮食播种面积，优化粮食结构，针对小麦晚播强化夏粮田间管理，促进大豆和油料增产。适当提高稻谷、小麦最低收购价。保障化肥等农资供应和价格稳定，给种粮农民再次发放农资补贴，加大对主产区支持力度，让农民种粮有合理收益、主产区抓粮有内在动力。坚决守住18亿亩耕地红线，划足划实永久基本农田，切实遏制耕地“非农化”、防止“非粮化”。加强中低产田改造，新建1亿亩高标准农田，新建改造一批大中型灌区。加大黑土地保护和盐碱地综合利用力度。支持黄河流域发展节水农业、旱作农业。启动第三次全国土壤普查。加快推进种业振兴，加强农业科技攻关和推广应用，提高农机装备水平。提升农业气象灾害防控和动植

栗战书主持召开黄河保护立法座谈会

物疫病防治能力。加强生猪产能调控，抓好畜禽、水产、蔬菜等生产供应，加快发展现代化设施种养业。支持棉花、甘蔗等生产。保障国家粮食安全各地区都有责任，粮食调入地区更要稳定粮食生产。各方面要共同努力，装满“米袋子”、充实“菜篮子”，把 14 亿多中国人的饭碗牢牢端在自己手中。

全面巩固拓展脱贫攻坚成果。完善落实防止返贫监测帮扶机制，确保不发生规模性返贫。支持脱贫地区发展特色产业，加强劳务协作、职业技能培训，促进脱贫人口持续增收。强化国家乡村振兴重点帮扶县帮扶措施，做好易地搬迁后续扶持，深化东西部协作、定点帮扶和社会力量帮扶，大力实施“万企兴万村”行动，增强脱贫地区自我

全面巩固拓展脱贫攻坚成果

完善落实防止返贫监测帮扶机制，确保不发生规模性返贫

支持脱贫地区发展特色产业，加强劳务协作、职业技能培训，促进脱贫人口持续增收

强化国家乡村振兴重点帮扶县帮扶措施，做好易地搬迁后续扶持，深化东西部协作、定点帮扶和社会力量帮扶，大力实施“万企兴万村”行动，增强脱贫地区自我发展能力

发展能力。

扎实稳妥推进农村改革发展。开展好第二轮土地承包到期后再延长 30 年整县试点。深化供销社、集体产权、集体林权、国有林区林场、农垦等改革。积极发展新型农村集体经济。加强农村金融服务，加快发展乡村产业。壮大县域经济。严格规范村庄撤并，保护传统村落和乡村风貌。启动乡村建设行动，强化规划引领，加强水电路气信邮等基础设施建设，因地制宜推进农村改厕和污水垃圾处理。深入开展文明村镇建设。强化农民工工资拖欠治理，支持农民工就业创业，一定要让广大农民有更多务工增收的渠道。

（七）扩大高水平对外开放，推动外贸外资平稳发展。 充分利用两个市场两种资源，不断拓展对外经贸合作，以高水平开放促进深层次改革、推动高质量发展。

多措并举稳定外贸。扩大出口信用保险对中小微外贸企业的覆盖面，加强出口信贷支持，优化外汇服务，加快出口退税进度，帮助外贸企业稳订单稳生产。加快发展外贸新业态新模式，充分发挥跨境电商作用，支持建设一批海外仓。积极扩大优质产品和服务进口。创新发展服务贸易、数字贸易，推进实施跨境服务贸易负面清单。深化通关便利化改革，加快国际物流体系建设，助力外贸降成本、提效率。

[名词解释]

海外仓

海外仓是指企业建立在海外的仓储设施，是出口卖家为提升订单交付能力而在国外接近买家的地区设立的仓储物流节点，通常具有境外货物储存、流通加工、本地配送以及售后服务等功能。在跨境贸易和跨境电商销售中，海外仓的作用是国内企业将商品通过国际运输的方式运往目标市场国家，并在当地通过租赁或者自建形式建立仓库，用以储存商品，然后再根据当地的销售订单，第一时间作出响应，及时从当地仓库直接进行分拣、包装和配送，减少了重复而复杂的清关步骤。

积极利用外资。深入实施外资准入负面清单，落实好外资企业国民待遇。扩大鼓励外商投资范围，支持外资加大中高端制造、研发、现代服务等领域和中西部、东北地区投资。优化外资促进服务，推动重大项目加快落地。扎实推进自贸试验区、海南自由贸易港建设，推动开发区改革创新，提高综合保税区发展水平，增设服务业扩大开放综合试点。开放的中国大市场，必将为各国企业在华发展提供更多机遇。

高质量共建“一带一路”。坚持共商共建共享，巩固互联互通合作基础，稳步拓展合作新领域。推进西部陆海新通道建设。有序开展对外投资合作，有效防范海外风险。

深化多双边经贸合作。区域全面经济伙伴关系协定形成了全球最大自由贸易区，要支持企业用好优惠关税、原产地累积等规则，扩大贸易和投资合作。推动与更多国家和地区商签高标准自贸协定。坚定维护多边贸易体制，积极参与世贸组织改革。中国愿与世界各国加强互利合作，实现共赢多赢。

（八）持续改善生态环境，推动绿色低碳发展。加强污染治理和生态保护修复，处理好发展和减排关系，促进人与自然和谐共生。

加强生态环境综合治理。深入打好污染防治攻坚战。强化大气多污染物协同控制和区域协同治理，加大重要河湖、海湾污染整治力度，持续推进土壤污染防治。加强固体废物和新污染物治理，推行垃圾分类和减量化、资源化。完善节能节水、废旧物资循环利用等环保产业支持政策。加强生态环境分区管控，科学开展国土绿化，统筹山水林田湖草沙系统治理，保护生物多样性，推进以国家公园为主体的自然保护地体系建设，要让我们生活的家园更绿更美。

有序推进碳达峰碳中和工作。落实碳达峰行动方案。推动能源革命，确保能源供应，立足资源禀赋，坚持先立后破、通盘谋划，推进能源低碳转型。加强煤炭清洁高效利用，有序减量替代，推动煤电节能降碳改造、灵活性改造、供热改造。推进大型风光电基地及其配套调节性电源规划建设，加强抽水蓄能电站建设，提升电网对可再生能

有序推进碳达峰碳中和工作

落实碳达峰行动方案

推动能源革命，确保能源供应，立足资源禀赋，坚持先立后破、通盘谋划，推进能源低碳转型

加强煤炭清洁高效利用，有序减量替代，推动煤电节能降碳改造、灵活性改造、供热改造

推进大型风光电基地及其配套调节性电源规划建设，加强抽水蓄能电站建设，提升电网对可再生能源发电的消纳能力

支持生物质能发展

推进绿色低碳技术研发和推广应用，建设绿色制造和服务体系，推进钢铁、有色、石化、化工、建材等行业节能降碳，强化交通和建筑节能

坚决遏制高耗能、高排放、低水平项目盲目发展

提升生态系统碳汇能力

推动能耗“双控”向碳排放总量和强度“双控”转变，完善减污降碳激励约束政策，发展绿色金融，加快形成绿色低碳生产生活方式

源发电的消纳能力。支持生物质能发展。推进绿色低碳技术研发和推广应用，建设绿色制造和服务体系，推进钢铁、有色、石化、化工、建材等行业节能降碳，强化交通和建筑节能。坚决遏制高耗能、高排放、低水平项目盲目发展。提升生态系统碳汇能力。推动能耗“双控”向碳排放总量和强度“双控”转变，完善减污降碳激励约束政策

策，发展绿色金融，加快形成绿色低碳生产生活方式。

（九）切实保障和改善民生，加强和创新社会治理。坚持尽力而为、量力而行，不断提升公共服务水平，着力解决人民群众普遍关心关注的民生问题。

促进教育公平与质量提升。落实立德树人根本任务。推动义务教育优质均衡发展和城乡一体化，依据常住人口规模配置教育资源，保障适龄儿童就近入学，解决好进城务工人员子女就学问题。全面落实义务教育教师工资待遇，加强乡村教师定向培养、在职培训与待遇保障。继续做好义务教育阶段减负工作。多渠道增加普惠性学前教育资源。加强县域普通高中建设。办好特殊教育、继续教育、专门教育，支持和规范民办教育发展。提升国家通用语言文字普及程度和质量。发展现代职业教育，改善职业教育办学条件，完善产教融合办学体制，增强职业教育适应性。推进高等教育内涵式发展，优化高等教育布局，分类建设一流大学和一流学科，加快培养理工农医类专业紧缺人才，支持中西部高等教育发展。高校招生继续加大对中西部和农村地区倾斜力度。加强师德师风建设。健全学校家庭社会协同育人机制。发展在线教育。完善终身学习体系。倡导全社会尊师重教。我国有2.9亿在校学生，要坚持把教育这个关乎千家万户和中华民族未来的大事办好。

政府工作报告里的民生好消息

完善跨省异地就医直接结算办法，实现**全国医保用药范围**基本统一

推进**药品和高值医用耗材**集中带量采购，确保生产供应

逐步提高**心脑血管病、癌症**等慢性病和肺结核、肝炎等传染病防治服务保障水平，加强**罕见病**研究和用药保障

规范医疗机构收费和服务，继续帮扶因疫情遇困的医疗机构，**补齐妇幼儿科、精神卫生、老年医学**等服务短板

依据常住人口规模配置教育资源，**保障适龄儿童就近入学**

全面落实义务教育**教师工资待遇**，加强乡村教师定向培养、在职培训与待遇保障

多渠道增加**普惠性学前教育**资源

稳步实施企业职工基本养老保险全国统筹，适当提高**退休人员基本养老金和城乡居民基础养老金标准**，确保按时足额发放

完善三孩生育政策配套措施，将**3岁以下婴幼儿照护费用**纳入个人所得税专项附加扣除，多渠道发展普惠托育服务，减轻家庭生育、养育、教育负担

政府工作报告里的民生好消息

坚持**租购并举**，加快发展**长租房**市场，推进**保障性住房**建设，支持商品房市场更好满足购房者的合理住房需求

加强市政设施和防灾减灾能力建设，开展老旧建筑和设施**安全隐患排查整治，再开工改造一批城镇老旧小区，支持加装电梯等设施，**推进无障碍环境建设和公共设施适老化改造

保障化肥等农资供应和价格稳定，给种粮农民再次发放**农资补贴**，加大对主产区支持力度

强化**农民工工资拖欠治理**，支持农民工就业创业，一定要让广大农民有更多务工增收的渠道

完善**灵活就业**社会保障政策，开展**新就业形态职业伤害保障**试点

推进政务服务事项集成化办理，推出**优化不动产登记、车辆检测**等便民举措

严厉打击拐卖、收买妇女儿童犯罪行为，坚决保障妇女儿童合法权益

提高医疗卫生服务能力。居民医保和基本公共卫生服务经费人均财政补助标准分别再提高 30 元和 5 元，推动基本医保省级统筹。推进药品和高值医用耗材集中带量采购，确保生产供应。强化药品疫苗质量安全监管。深化医保支付方式改革，加强医保基金监管。完善跨省异地就医直接结算办法，实现全国医保用药范围基本统一。坚持预防为主，加强健康教育和健康管理，深入推进健康中国行

[延伸阅读]

健康中国

健康中国是 2017 年 10 月 18 日习近平总书记在党的十九大报告中提出的发展战略，人民健康是民族昌盛和国家富强的重要标志，要完善国民健康政策，为人民群众提供全方位全周期健康服务。2019 年 6 月，国务院办公厅出台《健康中国行动组织实施和考核方案》；7 月，国务院印发《关于实施健康中国行动的意见》，成立健康中国行动推进委员会。

健康中国主要涵盖健康资源、健康服务、健康保障、健康环境和健康水平等方面。一是完善国民健康政策，为人民群众提供全方位全周期健康服务。二是深化医药卫生体制改革，全面建立中国特色基本医疗卫生制度、医疗保障制度和优质高效的医疗卫生服务体系，健全现代医院管理制度。三是加强基层医疗卫生服务体系和全科医生队伍建设。四是全面取消以药养医，健全药品供应保障制度。五是坚持预防为主，深入开展爱国卫生运动，倡导健康文明生活方式，预防控制重大疾病。六是实施食品安全战略，让人民吃得放心。七是坚持中西医并重，传承发展中医药事业。八是支持社会办医，发展健康产业。九是促进生育政策和相关经济社会政策配套衔接，加强人口发展战略研究。十是积极应对人口老龄化，构建养老、孝老、敬老政策体系和社会环境，推进医养结合，加快老龄事业和产业发展。

朱慧卿／作　新华社发

动。逐步提高心脑血管病、癌症等慢性病和肺结核、肝炎等传染病防治服务保障水平，加强罕见病研究和用药保障。健全疾病预防控制网络，促进医防协同，加强公共卫生队伍建设，提高重大疫情监测预警、流调溯源和应急处置能力。推动公立医院综合改革和高质量发展。规范医疗机构收费和服务，继续帮扶因疫情遇困的医疗机构，补齐妇幼儿科、精神卫生、老年医学等服务短板。坚持中西医并重，加大中医药振兴发展支持力度，推进中医药综合改革。落实和完善乡村医生待遇保障与激励政策。持续推进分级诊疗和优化就医秩序，加快建设国家、省级区域医疗中心，推动优质医疗资源向市县延伸，提升基层防病治病能力，使群众就近得到更好医疗卫生服务。

加强社会保障和服务。稳步实施企业职工基本养老保险

5.5%左右 国内生产总值增长5.5%左右

1100万人以上 城镇新增就业1100万人以上

5.5%以内 城镇调查失业率全年控制在5.5%以内

3%左右 居民消费价格涨幅3%左右

1.3万亿斤以上 粮食产量保持在1.3万亿斤以上

2.8%左右 今年赤字率拟按2.8%左右安排、比去年有所下调，有利于增强财政可持续性

2万亿元以上 预计今年财政收入继续增长，加之特定国有金融机构和专营机构依法上缴近年结存的利润、调入预算稳定调节基金等，支出规模比去年扩大2万亿元以上，可用财力明显增加

政府工作报告里的这17个数

金融 农田 债券 支付

中央预算内投资安排6400亿元

6400亿元

今年安排中央本级支出增长3.9%，其中中央部门支出继续负增长

3.9%

新建1亿亩高标准农田

1亿亩

30元 5元

居民医保和基本公共卫生服务经费人均财政补助标准分别再提高30元和5元，推动基本医保省级统筹

约1.5万亿元

中央对地方转移支付增加约1.5万亿元、规模近9.8万亿元，增长18%、为多年来最大增幅

3.65万亿元 今年拟安排地方政府专项债券3.65万亿元

2.5万亿元 预计全年退税减税约2.5万亿元，其中留抵退税约1.5万亿元，退税资金全部直达企业

1000亿元 使用1000亿元失业保险基金支持稳岗和培训，加快培养制造业高质量发展的急需人才，让更多劳动者掌握一技之长，让三百六十行行行人才辈出

100% 加大研发费用加计扣除政策实施力度,将科技型中小企业加计扣除比例从75%提高到100%，对企业投入基础研究实行税收优惠

全国统筹，适当提高退休人员基本养老金和城乡居民基础养老金标准，确保按时足额发放。继续规范发展第三支柱养老保险。加快推进工伤和失业保险省级统筹。做好军人军属、退役军人和其他优抚对象优待抚恤工作。积极应对人口老龄化，加快构建居家社区机构相协调、医养康养相结合的养老服务体系。优化城乡养老服务供给，支持社会力量提供日间照料、助餐助洁、康复护理等服务，稳步推进长期护理保险制度试点，鼓励发展农村互助式养老服务，创新发展老年教育，推动老龄事业和产业高质量发展。完善三孩生育政策配套措施，将3岁以下婴幼儿照护费用纳入个人所得税专项附加扣除，多渠道发展普惠托育服务，减轻家庭生育、养育、教育负担。强化未成年人保护和心理健康教育。提升残疾预防和康复服务水平。加强民生兜底保障和遇困群众救助，努力做到应保尽保、应助尽助。

继续保障好群众住房需求。坚持房子是用来住的、不是用来炒的定位，探索新的发展模式，坚持租购并举，加快发展长租房市场，推进保障性住房建设，支持商品房市场更好满足购房者的合理住房需求，稳地价、稳房价、稳预期，因城施策促进房地产业良性循环和健康发展。

丰富人民群众精神文化生活。培育和践行社会主义核心价值观，深化群众性精神文明创建。繁荣新闻出版、广播影视、文学艺术、哲学社会科学和档案等事业。深入推进全民阅读。加强和创新互联网内容建设，深化网络生态治理。推进公共文化数字化建设，促进基层文化设施布局优化和资源共享，扩大优质文化产品和服务供给，支持文化产业发展。传承弘扬中华优秀传统文化，加强文物古籍保护利用和非物质文化遗产保护传承，推进国家文化公园建设。用好北京冬奥会、冬残奥会遗产，发展冰雪运动和冰雪产业。建设群众身边的体育场地设施，促进全民健身蔚然成风。

推进社会治理共建共治共享。促进人民安居乐业、社

程硕 / 作　新华社发

会安定有序。创新和完善基层社会治理，强化社区服务功能，加强社会动员体系建设，提升基层治理能力。健全社会信用体系。发展社会工作，支持社会组织、人道救助、志愿服务、公益慈善等健康发展。严厉打击拐卖、收买妇女儿童犯罪行为，坚决保障妇女儿童合法权益。健全老年人、残疾人关爱服务体系。完善信访制度，加强矛盾纠纷排查化解，依法及时解决群众合理诉求。重视社会心理服务。强化公共法律服务和法律援助。提高防灾减灾救灾和应急救援能力，做好洪涝干旱、森林草原火灾、地质灾害、地震等防御和气象服务。严格食品全链条质量安全监管。落实安全生产责任和管理制度，深入开展安全生产专项整治三年行动，有效遏制重特大事故发生。推进国家安全体系和能力建设。强化网络安全、数据安全和个人信息

［名词解释］

安全生产专项整治三年行动

2020 年 4 月，国务院安委会印发《全国安全生产专项整治三年行动计划》，主要聚焦在风险高隐患多、事故易发多发的煤矿、非煤矿山、危险化学品、消防、道路运输、民航铁路等交通运输、工业园区、城市建设、危险废物等 9 个行业领域，组织开展安全整治。全国安全生产专项整治三年行动于 2020 年 4 月 1 日启动，至 2022 年 12 月结束。

保护。加强社会治安综合治理，推动扫黑除恶常态化，坚决防范和打击各类违法犯罪，建设更高水平的平安中国、法治中国。

各位代表！

面对新的形势和任务，各级政府要全面贯彻落实党的十九大和十九届历次全会精神，深刻认识“两个确立”的决定性意义，增强“四个意识”、坚定“四个自信”、做到“两个维护”，自觉在思想上政治上行动上同以习近平同志为核心的党中央保持高度一致。坚持依法行政，深化政务公开，加强法治政府建设。依法接受同级人大及其常委会的监督，自觉接受人民政协的民主监督，主动接受社会和舆论监督。加强审计监督、统计监督。支持工会、共青团、妇联等群团组织更好发挥作用。坚持不懈推进全面从严治党，深入开展党风廉政建设和反腐败斗争。加强廉洁政府建设。巩固党史学习教育成果。政府工作人员要自觉接受法律监督、监察监督和人民监督，始终把人民放在心中最高位置，无愧于人民公仆称号。

应对困难和挑战，各级政府及其工作人员必须恪尽职守、勤政为民，凝心聚力抓发展、保民生。坚持发展是第一要务，必须全面落实新发展理念，推动高质量发展。要锲而不舍落

王沪宁出席“不忘初心、牢记使命”中国共产党历史展览开幕式并讲话

赵乐际出席全国巡视工作会议暨十九届中央第七轮巡视动员部署会

实中央八项规定精神，驰而不息纠治“四风”特别是形式主义、官僚主义，坚决反对敷衍应付、推诿扯皮，坚决纠治任性用权、工作方法简单粗暴。要始终把人民群众安危冷暖放在心上，察实情、办实事、求实效，及时回应民生关切，坚决严肃处理漠视群众合法权益的严重失职失责问题。要充分发挥中央和地方两个积极性，尊重人民群众首创精神，防止政策执行“一刀切”、层层加码，持续为基层减负。健全激励和保护机制，支持广大干部敢担当、善作为。全国上下毕力同心、苦干实干，就一定能创造新的发展业绩。

各位代表！

我们要坚持和完善民族区域自治制度，以铸牢中华民族共同体意识为主线，促进各民族交往交流交融，推动民族地区加快现代化建设步伐。坚持党的宗教工作基本方针，坚持我国宗教的中国化方向，积极引导宗教与社会主义社会相适应。全面贯彻党的侨务政策，维护海外侨胞和归侨侨眷合法权益，激励海内外中华儿女携手共创新的辉煌。

各位代表！

过去一年，国防和军队建设取得重大进展，实现“十四五”良好开局。新的一年，要深入贯彻习近平强军思想，贯彻新时代军事战略方针，扣牢建军一百年奋斗目标，全面加强党的领导和党的建设，全面深化练兵备战，坚定灵活开展军事斗争，捍卫国家主权、安全、发展利益。加快现代军事物流体系、军队现代资产管理体系建设，构建武器装备现代化管理体系，持续深化国防和军队改革，加强国防科技创新，深入实施新时代人才强军战略，推进依法治军、从严治军，推动军队高质量发展。优化国防科技工业布局。完成国防动员体制改革，加强全民国防教育。各级政府要大力支持国防和军队建设，深入开展“双拥”活动，让军政军民团结坚如磐石。

各位代表！

我们要继续全面准确、坚定不移贯彻“一国两制”、“港人治港”、“澳人治澳”、高度自治的方针，落实中央对特别行政区全面管治权，坚定落实“爱国者治港”、“爱国者治澳”。全力支持特别行政区政府依法施政。支持港澳防控疫情、发展经济、改善民生，更好融入国家发展大局，保持香港、澳门长期繁荣稳定。

我们要坚持对台工作大政方针，贯彻新时代党解决台湾问题的总体方略，坚持一个中国原则和“九二共识”，推进两岸关系和平发展和祖国统一。坚决反对“台独”分裂行径，坚

汪洋出席全国台联成立40周年纪念大会

决反对外部势力干涉。两岸同胞要和衷共济，共创民族复兴的光荣伟业。

各位代表！

我们要坚持独立自主的和平外交政策，坚定不移走和平发展道路，推动建设新型国际关系，推动构建人类命运共同体。推进落实全球发展倡议，弘扬全人类共同价值。中国始终是世界和平的建设者、全球发展的贡献者、国际秩序的维护者，愿同国际社会一道，为促进世界和平稳定与发展繁荣作出新的更大贡献！

各位代表！

中国的发展从来都是在应对挑战中前进的，中国人民有战胜任何艰难险阻的勇气、智慧和力量。我们要更加紧密地团结在以习近平同志为核心的党中央周围，高举中国特色社会主义伟大旗帜，以习近平新时代中国特色社会主义思想为指导，攻坚克难，砥砺奋进，努力完成全年目标任务，以实际行动迎接党的二十大胜利召开，为把我国建设成为富强民主文明和谐美丽的社会主义现代化强国、实现中华民族伟大复兴的中国梦不懈奋斗！

跟着这条线，穿“阅”今年政府工作报告！

李克强
政府工作报告
完整视频

李克强
答中外记者问
完整视频

2021 年
《政府工作报告》
量化指标任务
完成情况

一图读懂
2022 年
《政府工作报告》

视频索引

后　记

2015年我社首创推出中国出版界第一部视频书（vBook）《图解政府工作报告（2015）》（二维码版），采用媒体融合的方式传播、解读党和国家的大政方针，受到读者的普遍欢迎，取得较好效果。本书是这一形式的延续。

本书由我社邀请新华网等单位和相关专家共同编制。国务院有关部门领导高度重视，大力支持本书编制工作。全书由辛广伟同志总体统筹，刘健同志参与统筹，参与相关编辑工作的有陈光耀、余平、刘敬文、安新文、李源正等同志，参与本书音视频剪辑的有池溢同志，参与本书数据整理和设计制作的有庞亚如、严淑芬等同志；中共中央党校（国家行政学院）张春晓等同志也在内容上提供了帮助。本书视频由中央广播电视总台、中国政府网、国务院客户端等提供，在此一并表示感谢。

不妥之处，敬请读者批评指正。

人民出版社

2022年3月

总　　监：蒋茂凝
策　　划：辛广伟
责任编辑：陈光耀　余　平　刘敬文
　　　　　池　溢　安新文　李源正
封面设计：林芝玉
版式设计：庞亚如　严淑芬
责任校对：胡　佳

图书在版编目（CIP）数据

政府工作报告：视频图文版. 2022. —北京：人民出版社，2022.3
ISBN 978－7－01－024629－1

I. ①政…　II.　III. ①政府工作报告－中国－2022　IV. ① D623

中国版本图书馆 CIP 数据核字（2022）第 039954 号

政府工作报告（2022）
ZHENGFU GONGZUO BAOGAO 2022
视频图文版

人民出版社 出版发行
（100706　北京市东城区隆福寺街 99 号）

北京盛通印刷股份有限公司印刷　新华书店经销

2022 年 3 月第 1 版　2022 年 3 月北京第 1 次印刷
开本：710 毫米 ×1000 毫米 1/16　印张：4.5
字数：38 千字

ISBN 978－7－01－024629－1　定价：19.00 元

邮购地址 100706　北京市东城区隆福寺街 99 号
人民东方图书销售中心　电话（010）65250042　65289539